INHALT

Dieses simplify-Lebensbuch gehört:

SO FUNKTIONIERT IHR SIMPLIFY-LEBENSBUCH

Lieber simplify-Freund, liebe simplify-Freundin!
„Was habe ich heute eigentlich gemacht?" Vielleicht geht auch Ihnen am Ende eines Tages diese Frage durch den Kopf. Klar, durch einen Blick in Ihren Kalender oder Ihre To-do-Liste könnten Sie sehen, was Sie getan haben. Aber ob Ihnen das weiterhelfen würde? Denn letztlich geht es bei dieser Frage nicht um Termine und Aufgaben. Sondern um Ihren **Wunsch nach einem einfacheren, glücklicheren, erfüllten Leben.**

DEN REICHTUM DES LEBENS ENTDECKEN …

Unser Versprechen an Sie: Füllen Sie die Seiten Ihres **simplify-Lebensbuchs**, und Sie werden einen Blick dafür bekommen …
… wie viele Möglichkeiten Ihr Leben Ihnen bietet,
… was Ihr Leben reich macht und
… wie Sie sich selbst weiterentwickeln.
Wir haben das simplify-Lebensbuch bewusst so gestaltet, dass es Ihren Blick auf das Positive richtet. Das ist keine Aufforderung, Probleme und Mühsale zu verdrängen. Aber wir sind überzeugt: **Ihre Kraft, Schwierigkeiten zu überwinden, und Ihr Mut, Lebenschancen wahrzunehmen, speisen sich aus Ihren guten Erfahrungen.** Nutzen Sie also Ihr simplify-Lebensbuch als Tankstelle.

… WOCHE FÜR WOCHE

Im Zentrum des **simplify-Lebensbuchs** steht die **Woche**. Dadurch sind Sie anders als bei einem Tagebuch nicht unter Druck, sich jeden Abend ans Schreiben zu machen. Zugleich ist eine Woche ein Zeitraum, den Sie gut überschauen können.

Greifen Sie zu Ihrem simplify-Lebensbuch, wenn Sie gerade ein paar Minuten Zeit zum Nachdenken haben oder es Sie dazu drängt, etwas zu Papier zu bringen. An welchem Wochentag Sie Ihre simplify-Woche beginnen, ist egal.

ERFAHRUNGEN STATT ERFOLGE

Für jede Woche steht Ihnen eine Doppelseite zur Verfügung (ab Seite 20–21). Die linke Seite ist Ihren Plänen, Wünschen und Zielen gewidmet, die rechte Seite Ihren Erfahrungen. Sehen Sie diese rechte Seite nicht als klassische Erfolgskontrolle, ob Sie es etwa tatsächlich zweimal ins Schwimmbad geschafft haben. **Ihre Woche mag komplett anders verlaufen sein, als Sie sich das vorgestellt hatten (links) – und kann dennoch Grund zur Freude und Dankbarkeit bieten (rechts)!**

Nüchtern veranlagten Menschen fällt das Schreiben über Gefühle schwer. Probieren Sie es mit den Gefühlssymbolen, die auf den Seiten 6 und 7 beschrieben werden.

DAS GROSSE GANZE

Parallel zu den Wochenseiten können Sie die 13 Doppelseiten für die einzelnen **Monate** ausfüllen (ab Seite 124). Warum 13 anstelle von 12? **Damit Sie mit Ihrem simplify-Lebensbuch gleich loslegen können!** Denn auch wenn es schon der 19. Juli oder der 23. Oktober ist: Am Ende des simplify-Jahres ist dann noch einmal eine Doppelseite für den betreffenden Monat frei.

Das ganze Jahr über immer wieder ergänzen können Sie den Abschnitt „Das bin ich" (ab Seite 8). Geben Sie nicht auf, wenn Ihnen aufs Erste nicht viel dazu einfällt. Ein guter Ansatzpunkt dafür kann ein Gespräch mit einem guten Freund, einer guten Freundin sein.

HANDSCHRIFT IM DIGITALEN ZEITALTER

Außer Einkaufslisten und Kondolenzkarten wird heute fast nichts mehr mit der Hand geschrieben. **Doch in Ihrer Handschrift kommt viel mehr von Ihnen selbst zum Vorschein als in einem getippten Text.** Verwenden Sie ein Schreibgerät, das Sie mögen – etwa Ihren alten Füller oder einen leicht gleitenden Gel-Kugelschreiber. Falls Sie einen simplen Bleistift wählen, widerstehen Sie der Versuchung, Geschriebenes im Nachhinein noch zu korrigieren.

AUF DIE PLÄTZE, FERTIG, LOS!

Die Idee zu diesem **simplify-Lebensbuch** wurde bei einer simplify-Besprechung in einer größeren Runde geboren. Die Begeisterung aller Beteiligten hat es uns ermöglicht, die Idee in Rekordzeit in die Tat umzusetzen. Wir freuen uns darauf, das **simplify-Lebensbuch** auch selbst benutzen zu können, und hoffen, dass es Ihnen genauso geht. **Das Schreiben über sich selbst ist, so der Schriftsteller Hanns-Josef Ortheil, „eine lebensnotwendige, lebensverlängernde, lebensintensivierende Kraft".** In diesem Sinne wünschen wir Ihnen viel Freude mit Ihrem **simplify-Lebensbuch**, Ihre

Ruth Drost-Hüttl
Dr. Ruth Drost-Hüttl,
Chefredakteurin

Werner Küstenmacher
Werner Küstenmacher,
Herausgeber

DIESE SYMBOLE NUTZE ICH

Herzerfrischende Erfahrung

Konflikt

Traurige Erfahrung

Das lief gut

Das lief super

Eigene Schwäche erkannt

Lerneffekt

DAS BIN ICH

DAS HAT MICH POSITIV GEPRÄGT

DENKEN SIE AN IHRE VERSCHIEDENEN LEBENSPHASEN VON DER KINDHEIT BIS HEUTE ZURÜCK.

Welche guten Erfahrungen haben Sie in Ihrem Leben gemacht? Zum Beispiel die Kindheitsurlaube auf dem Bauernhof, die gute Kameradschaft im Sportverein oder ein Auslandsjahr während des Studiums.

Wer hat Ihnen in schwierigen Zeiten weitergeholfen? Zum Beispiel ein Jugendgruppenleiter, Ihre Schwester oder Ihr ehemaliger Chef.

DAS SIND MEINE WERTE

WELCHE ENTSCHEIDUNGEN HABEN SIE IN LETZTER ZEIT GETROFFEN?

Fairness, Ehrlichkeit, soziale Verantwortung, Umweltschutz, Freundlichkeit … es gibt wohl kaum jemanden, der sich nicht zu solchen Werten bekennen würde. Verdeutlichen Sie sich Ihre persönlichen Werte-Prioritäten anhand Ihrer Entscheidungen: ehrliche Klartext-Ansage oder freundliche Notlüge? Aus frischen Zutaten selber kochen (Umweltschutz) oder zeitsparende Tiefkühlpizza, damit mehr Zeit bleibt fürs ehrenamtliche Engagement (soziale Verantwortung)?

DAS WAREN UND SIND MEINE GLÜCKLICHSTEN MOMENTE

SCHREIBEN SIE EINFACH DRAUFLOS.

Das können große, einmalige Momente sein (die Geburten Ihrer Kinder). Dramatische Momente (die Sekunde, in der der Lastwagen doch noch vor Ihnen zum Stehen kam). Alltägliche Momente (der Anblick Ihrer Kaninchen, die sich gierig über ihre Salatblätter hermachen). Lange geplante Momente (der Umzug in eine größere Wohnung). Überraschende Momente (als ein Headhunter Sie anrief und Ihnen eine einmalige berufliche Chance bot).

DIESE ROLLEN FÜLLE ICH DERZEIT AUS

Ich bin ...

SIE HABEN MEHR LEBENSHÜTE, ALS SIE DENKEN!

„Lebenshüte" nennt der Zeitplanungsexperte Lothar Seiwert die verschiedenen Rollen, die jeder Mensch ausfüllt. Im Berufsleben können Sie Mitarbeiter, Mitglied eines Arbeitskreises, Betriebsrat ... sein, im Privatleben Partner/-in, Vater/Mutter, Kind (Ihrer eigenen Eltern), Elternbeiratsvorsitzende/r, Sportvereinsmitglied, Nachhilfelehrer für Flüchtlinge, Nachbar ... In welchen Rollen fühlen Sie sich wohl? In welche **Rollen investieren Sie derzeit besonders viel Zeit und** Energie? Welche Rollen würden Sie gerne ablegen oder neu gestalten?

MEINE WOCHE

1. WOCHE VON ____ BIS ____

Meine Pläne, Wünsche und Ziele

Dafür will ich mir diese Woche unbedingt Zeit nehmen:

1.
2.
3.

Das darf ich diese Woche weglassen/loslassen:

Diese kleine Gewohnheit möchte ich durchhalten:

APROPOS ZEIT

Sind Sie der klassische Aufschieber-Typ, dann nehmen Sie sich für diese Woche mindestens eine Aufgabe vor, die Sie schon lange erledigen wollten. Gehören Sie dagegen zu den konsequenten Erledigern, richten Sie Ihren Blick auf Aktivitäten, die Ihnen und anderen Freude bereiten.

Meine Erfahrungen

Dafür bin ich dankbar:

1.
2.
3.

Diese eine Sache hat mich besonders beschäftigt – äußerlich oder innerlich:

Das hat meinem Körper gutgetan:

Hier habe ich mich engagiert und Verantwortung übernommen:

2. WOCHE VON _____ BIS _____

Meine Pläne, Wünsche und Ziele

Dafür will ich mir diese Woche unbedingt Zeit nehmen:

1.
2.
3.

Das darf ich diese Woche weglassen/loslassen:

Diese kleine Gewohnheit möchte ich durchhalten:

APROPOS WEGLASSEN

Unnötiges wegzulassen steht im Zentrum der simplify-Lebensweise. Doch was ist unnötig? Probieren Sie es aus! Brauchen Sie wirklich eine Tischdecke, die alle paar Tage in die Wäsche wandert? Müssen Sie unbedingt eine mehrzeilige Mail schreiben, wenn Sie einem Kollegen wie verabredet eine Datei schicken? Lohnt es sich, auch noch den x-ten Zeitungsartikel über Plastikmüll zu lesen?

Meine Erfahrungen

Dafür bin ich dankbar:

1.
2.
3.

Diese eine Sache hat mich besonders beschäftigt – äußerlich oder innerlich:

Das hat meinem Körper gutgetan:

Hier habe ich mich engagiert und Verantwortung übernommen:

3. WOCHE VON ____ BIS ____

Meine Pläne, Wünsche und Ziele

Dafür will ich mir diese Woche unbedingt Zeit nehmen:

1.
2.
3.

Das darf ich diese Woche weglassen/loslassen:

Diese kleine Gewohnheit möchte ich durchhalten:

APROPOS GEWOHNHEIT

Wie jedes Ziel braucht auch eine neue Gewohnheit eine starke Motivation. Bevor Sie sich vornehmen, ab sofort jeden Tag Zahnseide zu benutzen, fragen Sie sich: Warum will ich das? Dabei finden Sie womöglich heraus, dass das Lob der Zahnarzthelferin: „Sie haben gut geputzt", ein wesentlich stärkerer Beweggrund ist als Ihre Gesundheit.

Meine Erfahrungen

Dafür bin ich dankbar:

1.
2.
3.

Diese eine Sache hat mich besonders beschäftigt – äußerlich oder innerlich:

Das hat meinem Körper gutgetan:

Hier habe ich mich engagiert und Verantwortung übernommen:

4. WOCHE VON _____ BIS _____

Meine Pläne, Wünsche und Ziele

Dafür will ich mir diese Woche unbedingt Zeit nehmen:

1.
2.
3.

Das darf ich diese Woche weglassen/loslassen:

Diese kleine Gewohnheit möchte ich durchhalten:

APROPOS DANKBAR

Der Benediktiner Dr. David Steindl-Rast notiert jeden Tag mindestens eine Sache, für die dankbar zu sein ihm noch nie in den Sinn gekommen ist. Sein Fazit aus vielen Jahren Erfahrung damit: „Meint vielleicht jemand, es sei schwer, jeden Tag einen neuen Grund zur Dankbarkeit zu finden? Es ist nicht schwer. Oft kommen mir 4 oder 5 Gründe in den Sinn."

Meine Erfahrungen

Dafür bin ich dankbar:

1.
2.
3.

Diese eine Sache hat mich besonders beschäftigt – äußerlich oder innerlich:

Das hat meinem Körper gutgetan:

Hier habe ich mich engagiert und Verantwortung übernommen:

5. WOCHE VON ____ BIS ____

Meine Pläne, Wünsche und Ziele

Dafür will ich mir diese Woche unbedingt Zeit nehmen:

1.
2.
3.

Das darf ich diese Woche weglassen/loslassen:

Diese kleine Gewohnheit möchte ich durchhalten:

APROPOS BESCHÄFTIGT

Ob Steuererklärung, Streichen der Wände oder Suche nach einem passenden Ort für eine Veranstaltung: Manche Aufgaben erfordern einen besonderen Kraftakt. Gehen Sie hinterher nicht gleich zur Tagesordnung über („Es ist so viel anderes liegen geblieben"), sondern feiern Sie – mit einer Entspannungsmassage, Ihrem Lieblingsgericht oder einem Spaziergang im Grünen.

Meine Erfahrungen

Dafür bin ich dankbar:

1.
2.
3.

Diese eine Sache hat mich besonders beschäftigt – äußerlich oder innerlich:

Das hat meinem Körper gutgetan:

Hier habe ich mich engagiert und Verantwortung übernommen:

6. WOCHE VON ____ BIS ____

Meine Pläne, Wünsche und Ziele

Dafür will ich mir diese Woche unbedingt Zeit nehmen:

1.
2.
3.

Das darf ich diese Woche weglassen/loslassen:

Diese kleine Gewohnheit möchte ich durchhalten:

APROPOS KÖRPER

Viele Menschen empfinden ihren Körper als ein widerspenstiges Tier, das gebändigt werden muss. Besser: Sehen Sie Ihren Körper als Freund, dem Sie auch dann wohlgesonnen sind, wenn er Sie mal nervt. Womit können Sie ihm heute eine Freude bereiten?

Meine Erfahrungen

Dafür bin ich dankbar:

1.
2.
3.

Diese eine Sache hat mich besonders beschäftigt – äußerlich oder innerlich:

Das hat meinem Körper gutgetan:

Hier habe ich mich engagiert und Verantwortung übernommen:

7. WOCHE VON ____ BIS ____

Meine Pläne, Wünsche und Ziele

Dafür will ich mir diese Woche unbedingt Zeit nehmen:

1.
2.
3.

Das darf ich diese Woche weglassen/loslassen:

Diese kleine Gewohnheit möchte ich durchhalten:

APROPOS VERANTWORTUNG

Delegieren Sie die Verantwortung dafür, dass es Ihnen gut geht, nicht an Ihren Partner, Ihren Chef oder Ihre Freunde. Sie selbst sind dafür zuständig, dass Sie mit Ihrem Leben glücklich und zufrieden sind! Welche Aktivitäten tun Ihnen gut? Ergreifen Sie die Initiative! Positiver Nebeneffekt: Davon profitieren auch Ihre Beziehungen.

Meine Erfahrungen

Dafür bin ich dankbar:

1.
2.
3.

Diese eine Sache hat mich besonders beschäftigt – äußerlich oder innerlich:

Das hat meinem Körper gutgetan:

Hier habe ich mich engagiert und Verantwortung übernommen:

8. WOCHE VON ____ BIS ____

Meine Pläne, Wünsche und Ziele

Dafür will ich mir diese Woche unbedingt Zeit nehmen:

1.
2.
3.

Das darf ich diese Woche weglassen/loslassen:

Diese kleine Gewohnheit möchte ich durchhalten:

APROPOS ZEIT

Beginnen Sie in dieser Woche Ihre (Arbeits-)Tage mit ein paar ruhigen Atemzügen, einem entspannten Lächeln und dem inneren Satz: „Ich habe heute Zeit!" Das kommt Ihnen idiotisch vor? Die meisten Menschen starten mit so einem inneren Satz, nur lautet der meist: „Ich habe heute wieder gar keine Zeit!" Das ist doch eigentlich viel idiotischer, oder?

Meine Erfahrungen

Dafür bin ich dankbar:

1.
2.
3.

Diese eine Sache hat mich besonders beschäftigt – äußerlich oder innerlich:

Das hat meinem Körper gutgetan:

Hier habe ich mich engagiert und Verantwortung übernommen:

9. WOCHE VON ____ BIS ____

Meine Pläne, Wünsche und Ziele

Dafür will ich mir diese Woche unbedingt Zeit nehmen:

1.
2.
3.

Das darf ich diese Woche weglassen/loslassen:

Diese kleine Gewohnheit möchte ich durchhalten:

APROPOS WEGLASSEN

Sparen Sie sich unnötige Wörter. Verzichten Sie darauf, Ihre Botschaft mehrfach zu wiederholen – in der irrigen Annahme, dass sie dadurch besser bei Ihrem Gegenüber ankommt. Ein einfacher Trick, um Füllwörter („äh", „eh", „tja") und Phrasen („an und für sich", „Ich will mal so sagen") zu vermeiden: Sprechen Sie langsamer.

Meine Erfahrungen

Dafür bin ich dankbar:

1.
2.
3.

Diese eine Sache hat mich besonders beschäftigt – äußerlich oder innerlich:

Das hat meinem Körper gutgetan:

Hier habe ich mich engagiert und Verantwortung übernommen:

10. WOCHE VON _____ BIS _____

Meine Pläne, Wünsche und Ziele

Dafür will ich mir diese Woche unbedingt Zeit nehmen:

1.
2.
3.

Das darf ich diese Woche weglassen/loslassen:

Diese kleine Gewohnheit möchte ich durchhalten:

APROPOS GEWOHNHEIT

Machen Sie sich die Verhaltensweisen, die Sie sich angewöhnen möchten, so einfach wie möglich. Wenn Sie Ihre Schuhe jeden Abend nach dem Heimkommen schön pflegen wollen, dann bringen Sie das Schuhputzzeug gut sichtbar im Eingangsbereich unter.

Meine Erfahrungen

Dafür bin ich dankbar:

1.
2.
3.

Diese eine Sache hat mich besonders beschäftigt – äußerlich oder innerlich:

Das hat meinem Körper gutgetan:

Hier habe ich mich engagiert und Verantwortung übernommen:

11. WOCHE VON ____ BIS ____

Meine Pläne, Wünsche und Ziele

Dafür will ich mir diese Woche unbedingt Zeit nehmen:

1.
2.
3.

Das darf ich diese Woche weglassen/loslassen:

Diese kleine Gewohnheit möchte ich durchhalten:

APROPOS DANKBAR

Lernen Sie, auch in den Selbstverständlichkeiten Ihres Lebens etwas zu sehen, wofür Sie dankbar sein können. Wissen Sie es zu schätzen, dass der Zeitungsausträger Ihre geliebte Zeitung in aller Frühe bei Ihnen in den Briefkasten steckt oder Ihr Partner abends, wenn Sie müde sind, die Runde mit dem Hund geht.

Meine Erfahrungen

Dafür bin ich dankbar:

1.
2.
3.

Diese eine Sache hat mich besonders beschäftigt – äußerlich oder innerlich:

Das hat meinem Körper gutgetan:

Hier habe ich mich engagiert und Verantwortung übernommen:

12. WOCHE VON ____ BIS ____

Meine Pläne, Wünsche und Ziele

Dafür will ich mir diese Woche
unbedingt Zeit nehmen:

1.
2.
3.

Das darf ich diese Woche
weglassen/loslassen:

Diese kleine Gewohnheit möchte
ich durchhalten:

APROPOS BESCHÄFTIGT

Zwar wünschen sich viele Menschen „mehr Zeit". In Wirklichkeit aber fürchten die meisten von ihnen einen Mangel an Beschäftigung viel mehr als Zeitdruck und Hektik. Freunden Sie sich mit der Leere an. Fangen Sie klein an, indem Sie sich für Wartezeiten keine Beschäftigung mitnehmen.

Meine Erfahrungen

Dafür bin ich dankbar:

1.
2.
3.

Diese eine Sache hat mich besonders beschäftigt – äußerlich oder innerlich:

Das hat meinem Körper gutgetan:

Hier habe ich mich engagiert und Verantwortung übernommen:

13. WOCHE VON ____ BIS ____

Meine Pläne, Wünsche und Ziele

Dafür will ich mir diese Woche unbedingt Zeit nehmen:

1.
2.
3.

Das darf ich diese Woche weglassen/loslassen:

Diese kleine Gewohnheit möchte ich durchhalten:

APROPOS KÖRPER

Machen Sie sich Lust auf einen gesunden Lebensstil. Vielleicht müssen Sie sich zunächst durch kleine Kniffe motivieren – z. B. dadurch, dass Sie sich nach Ihrer Joggingrunde eine ausgiebige Zeitungslektüre gönnen. Haben Sie sich etwas zur guten Gewohnheit gemacht, wird Ihr Körper in der Regel selbst danach verlangen.

Meine Erfahrungen

Dafür bin ich dankbar:

1.
2.
3.

Diese eine Sache hat mich besonders beschäftigt – äußerlich oder innerlich:

Das hat meinem Körper gutgetan:

Hier habe ich mich engagiert und Verantwortung übernommen:

14. WOCHE VON ____ BIS ____

Meine Pläne, Wünsche und Ziele

Dafür will ich mir diese Woche unbedingt Zeit nehmen:

1.
2.
3.

Das darf ich diese Woche weglassen/loslassen:

Diese kleine Gewohnheit möchte ich durchhalten:

APROPOS ENGAGEMENT

Jeder hat das Recht, eine Petition an den Deutschen Bundestag zu richten – sei es mit einer persönlichen Bitte oder mit einem Anliegen im allgemeinen Interesse. Haben Sie Ihre Petition unter https://epetitionen.bundestag.de eingegeben, können Sie mithilfe der sozialen Medien schnell andere darauf aufmerksam machen und um Unterschriften werben.

Meine Erfahrungen

Dafür bin ich dankbar:

1.
2.
3.

Diese eine Sache hat mich besonders beschäftigt – äußerlich oder innerlich:

Das hat meinem Körper gutgetan:

Hier habe ich mich engagiert und Verantwortung übernommen:

15. WOCHE VON ____ BIS ____

Meine Pläne, Wünsche und Ziele

Dafür will ich mir diese Woche unbedingt Zeit nehmen:

1.
2.
3.

Das darf ich diese Woche weglassen/loslassen:

Diese kleine Gewohnheit möchte ich durchhalten:

APROPOS ZEIT

Die meisten Menschen notieren in ihren Kalender nur Termine, die sie mit anderen vereinbart haben. Aber wo bleiben Sie selbst? Nehmen Sie jetzt Ihren Zeitplaner zur Hand, und tragen Sie Dinge ein, für die Sie sich unbedingt Zeit nehmen möchten. Fitnessstudio? Mantel zum Kunststopfen bringen? Gottesdienst?

Meine Erfahrungen

Dafür bin ich dankbar:

1.
2.
3.

Diese eine Sache hat mich besonders beschäftigt – äußerlich oder innerlich:

Das hat meinem Körper gutgetan:

Hier habe ich mich engagiert und Verantwortung übernommen:

16. WOCHE VON ____ BIS ____

Meine Pläne, Wünsche und Ziele

Dafür will ich mir diese Woche unbedingt Zeit nehmen:

1.
2.
3.

Das darf ich diese Woche weglassen/loslassen:

Diese kleine Gewohnheit möchte ich durchhalten:

APROPOS LOSLASSEN

Entrümpeln Sie regelmäßig Ihr Zuhause. Ein guter Startpunkt ist Ihr Kleiderschrank. Verabschieden Sie sich von ausgewaschenen und nicht mehr reparierbaren Klamotten, von Kleidungsstücken, deren Anblick Sie anderen Menschen niemals zumuten würden, aber auch von modischer Kleidung, die Sie erstanden haben, obwohl sie Ihnen nicht steht. Und natürlich von allem, was Ihnen schon lange nicht mehr passt.

Meine Erfahrungen

Dafür bin ich dankbar:

1.
2.
3.

Diese eine Sache hat mich besonders beschäftigt – äußerlich oder innerlich:

Das hat meinem Körper gutgetan:

Hier habe ich mich engagiert und Verantwortung übernommen:

17. WOCHE VON _____ BIS _____

Meine Pläne, Wünsche und Ziele

Dafür will ich mir diese Woche unbedingt Zeit nehmen:

1.
2.
3.

Das darf ich diese Woche weglassen/loslassen:

Diese kleine Gewohnheit möchte ich durchhalten:

APROPOS GEWOHNHEIT

So manche schlechte Angewohnheit dient einer guten Sache: Wenn Sie nach der Arbeit Ihre Bürokleidung achtlos in die Ecke schleudern, werfen Sie damit vielleicht symbolisch die Sorgen des Arbeitstages von sich. Damit Sie sich angewöhnen, Ihre Kleidung aufzuhängen, brauchen Sie ein anderes Ritual, um vom Arbeitsalltag Abstand zu gewinnen. Spülen Sie z. B. Ihren Ärger beim Heimkommen mit einem Glas Wasser hinunter.

Meine Erfahrungen

Dafür bin ich dankbar:

1.
2.
3.

Diese eine Sache hat mich besonders beschäftigt – äußerlich oder innerlich:

Das hat meinem Körper gutgetan:

Hier habe ich mich engagiert und Verantwortung übernommen:

18. WOCHE VON ____ BIS ____

Meine Pläne, Wünsche und Ziele

Dafür will ich mir diese Woche unbedingt Zeit nehmen:

1.
2.
3.

Das darf ich diese Woche weglassen/loslassen:

Diese kleine Gewohnheit möchte ich durchhalten:

APROPOS DANKBAR

Trainieren Sie Ihre Dankbarkeit, indem Sie Ihre Sinne aktivieren. Sehen, hören, riechen, schmecken und fühlen Sie aufmerksam. Fassen Sie für morgen den Vorsatz, besonders dankbar auf Gerüche zu achten, für übermorgen, Geräusche intensiv wahrzunehmen usw. Beherzigen Sie den Song von Frank Sinatra: „The best things in life are free!"

Meine Erfahrungen

Dafür bin ich dankbar:

1.
2.
3.

Diese eine Sache hat mich besonders beschäftigt – äußerlich oder innerlich:

Das hat meinem Körper gutgetan:

Hier habe ich mich engagiert und Verantwortung übernommen:

19. WOCHE VON _____ BIS _____

Meine Pläne, Wünsche und Ziele

Dafür will ich mir diese Woche unbedingt Zeit nehmen:

1.
2.
3.

Das darf ich diese Woche weglassen/loslassen:

Diese kleine Gewohnheit möchte ich durchhalten:

APROPOS BESCHÄFTIGT

Wer sich permanent mit seinen Sorgen und Ängsten befasst, steigert sich immer mehr hinein. Setzen Sie sich Grenzen! Recherchieren Sie beispielsweise nicht während Ihrer Arbeitszeit, wie Sie die Finanzierungslücke für Ihre Hausrenovierung schließen können. Erzählen Sie nur Ihren besten Freunden davon; bei anderen Gesprächen bleibt das Thema außen vor.

Meine Erfahrungen

Dafür bin ich dankbar:

1.
2.
3.

Diese eine Sache hat mich besonders beschäftigt – äußerlich oder innerlich:

Das hat meinem Körper gutgetan:

Hier habe ich mich engagiert und Verantwortung übernommen:

20. WOCHE VON ____ BIS ____

Meine Pläne, Wünsche und Ziele

Dafür will ich mir diese Woche unbedingt Zeit nehmen:

1.
2.
3.

Das darf ich diese Woche weglassen/loslassen:

Diese kleine Gewohnheit möchte ich durchhalten:

APROPOS KÖRPER

Investieren Sie in die Vorbeugung von Beschwerden und Krankheiten. Beispiel: Gewöhnen Sie sich an, beim Heben nach Möglichkeit in die Hocke zu gehen und dabei die Ellenbogen auf die Oberschenkel zu stützen. Besonders hexenschussgefährdet sind Sie, wenn Sie Dinge aus dem Autokofferraum heben. Unterteilen Sie den Inhalt schwerer Kisten daher in mehrere Transporteinheiten.

Meine Erfahrungen

Dafür bin ich dankbar:

1.
2.
3.

Diese eine Sache hat mich besonders beschäftigt – äußerlich oder innerlich:

Das hat meinem Körper gutgetan:

Hier habe ich mich engagiert und Verantwortung übernommen:

21. WOCHE VON ____ BIS ____

Meine Pläne, Wünsche und Ziele

Dafür will ich mir diese Woche unbedingt Zeit nehmen:

1.
2.
3.

Das darf ich diese Woche weglassen/loslassen:

Diese kleine Gewohnheit möchte ich durchhalten:

APROPOS VERANTWORTUNG

Wenn Sie in Ihrem Alltag auf Missstände stoßen, recherchieren Sie die Zuständigkeiten. Welche Abteilung bei der Stadt ist für die Straßenreinigung zuständig? Wer muss die Einhaltung der feuerpolizeilichen Vorschriften bei der Gebäudesanierung in Ihrem Unternehmen überwachen? Einen konkreten Namen zu kennen ist oft das Beste. Mit etwas Findigkeit lassen sich dem Internet erstaunlich viele Infos entlocken.

Meine Erfahrungen

Dafür bin ich dankbar:

1.
2.
3.

Diese eine Sache hat mich besonders beschäftigt – äußerlich oder innerlich:

Das hat meinem Körper gutgetan:

Hier habe ich mich engagiert und Verantwortung übernommen:

22. WOCHE VON ____ BIS ____

Meine Pläne, Wünsche und Ziele

Dafür will ich mir diese Woche unbedingt Zeit nehmen:

1.
2.
3.

Das darf ich diese Woche weglassen/loslassen:

Diese kleine Gewohnheit möchte ich durchhalten:

APROPOS ZEIT

Sie haben sich für diese Woche eine unangenehme Arbeit vorgenommen, die Sie schon häufig verschoben haben? Hier ein verblüffender Trick: Legen Sie das verhasste Projekt (Flickwäsche, Ablage etc.) mit allem, was Sie dazu brauchen, vor sich hin, und zwingen Sie sich, es 15 Minuten nur anzusehen. In der Regel werden Sie durch das Herumsitzen so frustriert, dass Sie die Arbeit anpacken, bevor die Zeit um ist.

Meine Erfahrungen

Dafür bin ich dankbar:

1.
2.
3.

Diese eine Sache hat mich besonders beschäftigt – äußerlich oder innerlich:

Das hat meinem Körper gutgetan:

Hier habe ich mich engagiert und Verantwortung übernommen:

23. WOCHE VON _____ BIS _____

Meine Pläne, Wünsche und Ziele

Dafür will ich mir diese Woche unbedingt Zeit nehmen:

1.
2.
3.

Das darf ich diese Woche weglassen/loslassen:

Diese kleine Gewohnheit möchte ich durchhalten:

APROPOS LOSLASSEN

Misstrauen und permanente Kontrolle sind Gift für Beziehungen – privat wie beruflich. Doch wer schon einmal enttäuscht worden ist, tut sich mit dem Loslassen oft schwer. Der Trick: Sehen Sie Vertrauen und Misstrauen nicht als Ein/Aus-Schalter, sondern als Dimmer mit vielen Zwischenstufen. Machen Sie kleine Schritte hin zu mehr Vertrauen, steigern Sie es von 30 % auf 35 % etc.

Meine Erfahrungen

Dafür bin ich dankbar:

1.
2.
3.

Diese eine Sache hat mich besonders beschäftigt – äußerlich oder innerlich:

Das hat meinem Körper gutgetan:

Hier habe ich mich engagiert und Verantwortung übernommen:

24. WOCHE VON _____ BIS _____

Meine Pläne, Wünsche und Ziele

Dafür will ich mir diese Woche unbedingt Zeit nehmen:

1.
2.
3.

Das darf ich diese Woche weglassen/loslassen:

Diese kleine Gewohnheit möchte ich durchhalten:

APROPOS GEWOHNHEIT

Das Schlechte an guten Vorsätzen: Sie scheitern oft. Begeben Sie sich auf Erfolgskurs, indem Sie sich eine Mini-Gewohnheit aneignen, die Sie ohne großen Kraftaufwand durchhalten. Beispiel: Um Ihre Gitarrenkünste aufzufrischen, lassen Sie das Instrument jeden Tag 1 Minute lang erklingen. Mini-Gewohnheiten sind der ideale Weg, um neu zu starten.

Meine Erfahrungen

Dafür bin ich dankbar:

1.
2.
3.

Diese eine Sache hat mich besonders beschäftigt – äußerlich oder innerlich:

Das hat meinem Körper gutgetan:

Hier habe ich mich engagiert und Verantwortung übernommen:

25. WOCHE VON ____ BIS ____

Meine Pläne, Wünsche und Ziele

Dafür will ich mir diese Woche unbedingt Zeit nehmen:

1.
2.
3.

Das darf ich diese Woche weglassen/loslassen:

Diese kleine Gewohnheit möchte ich durchhalten:

APROPOS DANKBAR

„Warum gerade ich?", fragen sich viele Menschen bei persönlichem Unglück. Fragen Sie sich das auch angesichts der guten Seiten Ihres Lebens: „Warum habe gerade ich diesen tollen Mann/diese tolle Frau erwischt?" – „Warum fällt es gerade mir leicht, andere zu begeistern?" – „Warum habe gerade ich eine robuste Gesundheit?"

Meine Erfahrungen

Dafür bin ich dankbar:

1.
2.
3.

Diese eine Sache hat mich besonders beschäftigt – äußerlich oder innerlich:

Das hat meinem Körper gutgetan:

Hier habe ich mich engagiert und Verantwortung übernommen:

26. WOCHE VON ____ BIS ____

Meine Pläne, Wünsche und Ziele

Dafür will ich mir diese Woche unbedingt Zeit nehmen:

1.
2.
3.

Das darf ich diese Woche weglassen/loslassen:

Diese kleine Gewohnheit möchte ich durchhalten:

APROPOS BESCHÄFTIGT

Setzen Sie bei Ihrem Wissen, Ihren Fähigkeiten und Ihren Erfahrungen auf Nachhaltigkeit. Was können Sie sich aneignen, um effizienter zu arbeiten? Wo sollten Sie sich fortbilden, damit Sie nicht eines Tages „von gestern" sind? Nutzen Sie die kleinen Lernchancen im Alltag: Machen Sie jeden Tag etwas zum ersten Mal.

Meine Erfahrungen

Dafür bin ich dankbar:

1.
2.
3.

Diese eine Sache hat mich besonders beschäftigt – äußerlich oder innerlich:

Das hat meinem Körper gutgetan:

Hier habe ich mich engagiert und Verantwortung übernommen:

27. WOCHE VON ____ BIS ____

Meine Pläne, Wünsche und Ziele

Dafür will ich mir diese Woche unbedingt Zeit nehmen:

1.
2.
3.

Das darf ich diese Woche weglassen/loslassen:

Diese kleine Gewohnheit möchte ich durchhalten:

APROPOS KÖRPER

Eine finstere Miene verhärtet auf Dauer die Gesichtsmuskeln und führt zu unschönen Falten. Mit einem fröhlichen Lächeln oder Lachen entspannen Sie Ihre Gesichtszüge und kräftigen genau die Partien der Kopfmuskulatur, die Sie sympathisch aussehen lassen. Wenn Sie jemanden willentlich anlächeln und der zurücklächelt, tut das beiden gut.

Meine Erfahrungen

Dafür bin ich dankbar:

1.
2.
3.

Diese eine Sache hat mich besonders beschäftigt – äußerlich oder innerlich:

Das hat meinem Körper gutgetan:

Hier habe ich mich engagiert und Verantwortung übernommen:

28. WOCHE VON ____ BIS ____

Meine Pläne, Wünsche und Ziele

Dafür will ich mir diese Woche unbedingt Zeit nehmen:

1.
2.
3.

Das darf ich diese Woche weglassen/loslassen:

Diese kleine Gewohnheit möchte ich durchhalten:

APROPOS ENGAGEMENT

Wenn Sie sich ehrenamtlich engagieren, treffen Sie oft mit Menschen zusammen, die ganz anders sind als Sie in puncto Bildungsniveau, Alter und Lebenserfahrungen, Lebensstil, Einstellungen und Charakter. Auch wenn das Reibungspunkte mit sich bringt: Sehen Sie diese Vielfalt als eine der großen Chancen Ihres Ehrenamts.

Meine Erfahrungen

Dafür bin ich dankbar:

1.
2.
3.

Diese eine Sache hat mich besonders beschäftigt – äußerlich oder innerlich:

Das hat meinem Körper gutgetan:

Hier habe ich mich engagiert und Verantwortung übernommen:

29. WOCHE VON ____ BIS ____

Meine Pläne, Wünsche und Ziele

Dafür will ich mir diese Woche unbedingt Zeit nehmen:

1.
2.
3.

Das darf ich diese Woche weglassen/loslassen:

Diese kleine Gewohnheit möchte ich durchhalten:

APROPOS ZEIT

Viel Frust entsteht durch ungeklärte zeitliche Erwartungen. Beispiel: Sie träumen davon, den freien Sonntag für einen großen Ausflug zu nutzen, während sich Ihr Partner aufs Ausschlafen und Herumgammeln freut. Checken Sie Ihre oben notierten Vorhaben: Welche davon betreffen auch andere Menschen (Partner, Kinder, Kollegen)? Sprechen Sie's so bald wie möglich an.

Meine Erfahrungen

Dafür bin ich dankbar:

1.
2.
3.

Diese eine Sache hat mich besonders beschäftigt – äußerlich oder innerlich:

Das hat meinem Körper gutgetan:

Hier habe ich mich engagiert und Verantwortung übernommen:

30. WOCHE VON ____ BIS ____

Meine Pläne, Wünsche und Ziele

Dafür will ich mir diese Woche unbedingt Zeit nehmen:

1.
2.
3.

Das darf ich diese Woche weglassen/loslassen:

APROPOS LOSLASSEN

Manche Gegenstände dienen Ihnen nicht, sondern wollen etwas von Ihnen: 5 Kisten mit alten Postkarten (wollen durchgesehen und geordnet werden), das kaputte Regal (will seit 3 Jahren repariert werden), eine unfertige Handarbeit, ungelesene Bücher etc. Sobald Sie diese Sachen loslassen (entsorgen, verschenken, verkaufen), gewinnen Sie mehr Zeit und Raum für sich.

Diese kleine Gewohnheit möchte ich durchhalten:

Meine Erfahrungen

Dafür bin ich dankbar:

1.
2.
3.

Diese eine Sache hat mich besonders beschäftigt – äußerlich oder innerlich:

Das hat meinem Körper gutgetan:

Hier habe ich mich engagiert und Verantwortung übernommen:

31. WOCHE VON ____ BIS ____

Meine Pläne, Wünsche und Ziele

Dafür will ich mir diese Woche unbedingt Zeit nehmen:

1.
2.
3.

Das darf ich diese Woche weglassen/loslassen:

Diese kleine Gewohnheit möchte ich durchhalten:

APROPOS GEWOHNHEIT

Die meisten Menschen wechseln beim Heimkommen in den „Entspannungsmodus". Doch der hat auch seine Schattenseiten: Daheim, gegenüber dem Partner, erlauben Sie sich auch so manches unschöne Verhalten.

Stellen Sie sich vor, die englische Königin wäre bei Ihnen ein häufiger Gast. Welche höflichen Gewohnheiten wären dann für Sie selbstverständlich?

Meine Erfahrungen

Dafür bin ich dankbar:

1.
2.
3.

Diese eine Sache hat mich besonders beschäftigt – äußerlich oder innerlich:

Das hat meinem Körper gutgetan:

Hier habe ich mich engagiert und Verantwortung übernommen:

32. WOCHE VON ____ BIS ____

Meine Pläne, Wünsche und Ziele

Dafür will ich mir diese Woche unbedingt Zeit nehmen:

1.
2.
3.

Das darf ich diese Woche weglassen/loslassen:

Diese kleine Gewohnheit möchte ich durchhalten:

APROPOS DANKBAR

Nutzen Sie jede Gelegenheit, um Ihre Dankbarkeit auch auszudrücken. Besonders am Arbeitsplatz lechzen viele Menschen geradezu danach, auch einmal ein Wort des Dankes zu hören – angefangen beim Reinigungsteam, dessen Dienste oft nicht wahrgenommen werden, bis hin zum Chef, dem zu danken den Mitarbeitern seltsam vorkommt.

Meine Erfahrungen

Dafür bin ich dankbar:

1.
2.
3.

Diese eine Sache hat mich besonders beschäftigt – äußerlich oder innerlich:

Das hat meinem Körper gutgetan:

Hier habe ich mich engagiert und Verantwortung übernommen:

33. WOCHE VON ____ BIS ____

Meine Pläne, Wünsche und Ziele

Dafür will ich mir diese Woche unbedingt Zeit nehmen:

1.
2.
3.

Das darf ich diese Woche weglassen/loslassen:

Diese kleine Gewohnheit möchte ich durchhalten:

APROPOS BESCHÄFTIGT

Sie quälen sich oft lange mit Entscheidungen? Probieren Sie es mit der 10-10-10-Methode der amerikanischen Unternehmensberaterin Suzy Welch. Fragen Sie sich: Was sind die Konsequenzen meiner Entscheidung in 10 Minuten, in 10 Monaten, in 10 Jahren?

Meine Erfahrungen

Dafür bin ich dankbar:

1.
2.
3.

Diese eine Sache hat mich besonders beschäftigt – äußerlich oder innerlich:

Das hat meinem Körper gutgetan:

Hier habe ich mich engagiert und Verantwortung übernommen:

34. WOCHE VON ____ BIS ____

Meine Pläne, Wünsche und Ziele

Dafür will ich mir diese Woche unbedingt Zeit nehmen:

1.
2.
3.

Das darf ich diese Woche weglassen/loslassen:

Diese kleine Gewohnheit möchte ich durchhalten:

APROPOS KÖRPER

Je weniger Sie sich draußen aufhalten, umso stärker reagiert Ihr Körper auf Wetter und Wetterumschwünge. Trainieren Sie die Anpassungsfähigkeit Ihres Körpers, indem Sie sich dem Wetter aussetzen. Gerade wenig erfreuliches Wetter bietet dafür eine gute Chance. Wichtig: Kleiden Sie sich so, dass Sie sich *angenehm kühl* fühlen, Füße, Rücken, Nacken und Kopf sollten warm bleiben.

Meine Erfahrungen

Dafür bin ich dankbar:

1.
2.
3.

Diese eine Sache hat mich besonders beschäftigt – äußerlich oder innerlich:

Das hat meinem Körper gutgetan:

Hier habe ich mich engagiert und Verantwortung übernommen:

35. WOCHE VON _____ BIS _____

Meine Pläne, Wünsche und Ziele

Dafür will ich mir diese Woche unbedingt Zeit nehmen:

1.
2.
3.

Das darf ich diese Woche weglassen/loslassen:

Diese kleine Gewohnheit möchte ich durchhalten:

APROPOS VERANTWORTUNG

Sehen Sie nicht weg, wenn Sie Zeuge von Pöbeleien, Bedrohungen oder körperlicher Gewalt im öffentlichen Raum werden. Beobachten Sie die Situation – das zeigt dem Täter, dass es Zeugen für sein Tun gibt. Gesetzlich sind Sie verpflichtet, im Rahmen Ihrer Möglichkeiten zu helfen, sprich: zumindest die Polizei zu rufen.

Meine Erfahrungen

Dafür bin ich dankbar:

1.
2.
3.

Diese eine Sache hat mich besonders beschäftigt – äußerlich oder innerlich:

Das hat meinem Körper gutgetan:

Hier habe ich mich engagiert und Verantwortung übernommen:

36. WOCHE VON ____ BIS ____

Meine Pläne, Wünsche und Ziele

Dafür will ich mir diese Woche unbedingt Zeit nehmen:

1.
2.
3.

Das darf ich diese Woche weglassen/loslassen:

Diese kleine Gewohnheit möchte ich durchhalten:

APROPOS ZEIT

Jeder braucht Zeit für sich, aber nicht jeder braucht gleich viel Zeit für sich. Messen Sie sich nicht an Spitzenpolitikern, Wirtschaftsbossen, der Bekannten mit 6 Kindern oder dem umtriebigen Gemeinderatsvorsitzenden. Dass Sie sich Zeit für sich selbst nehmen, ist besonders wichtig, wenn Sie glauben, keine übrig zu haben – etwa, weil jemand aus der Familie schwer krank ist oder Sie in der Arbeit ein Top-Projekt übernommen haben.

Meine Erfahrungen

Dafür bin ich dankbar:

1.
2.
3.

Diese eine Sache hat mich besonders beschäftigt – äußerlich oder innerlich:

Das hat meinem Körper gutgetan:

Hier habe ich mich engagiert und Verantwortung übernommen:

37. WOCHE VON ____ BIS ____

Meine Pläne, Wünsche und Ziele

Dafür will ich mir diese Woche unbedingt Zeit nehmen:

1.
2.
3.

Das darf ich diese Woche weglassen/loslassen:

Diese kleine Gewohnheit möchte ich durchhalten:

APROPOS LOSLASSEN

Ein vollgestopftes Zuhause ist oft ein Zeichen von Angst. Da werden alte Kleidungsstücke aufgehoben – aus Angst, später finanziell in Not zu sein. Riesige Mengen von bedrucktem Papier – aus Angst, nicht gut genug informiert zu sein. Ungenutzte Materialien für diverse Hobbys – aus Angst, etwas zu verpassen. Bekämpfen Sie Ihre Ängste mit klügeren Mitteln!

Meine Erfahrungen

Dafür bin ich dankbar:

1.
2.
3.

Diese eine Sache hat mich besonders beschäftigt – äußerlich oder innerlich:

Das hat meinem Körper gutgetan:

Hier habe ich mich engagiert und Verantwortung übernommen:

38. WOCHE VON _____ BIS _____

Meine Pläne, Wünsche und Ziele

Dafür will ich mir diese Woche unbedingt Zeit nehmen:

1.
2.
3.

Das darf ich diese Woche weglassen/loslassen:

Diese kleine Gewohnheit möchte ich durchhalten:

APROPOS GEWOHNHEIT

Nutzen Sie alte Gewohnheiten als Startrampe für neue! Mehr Sport: Holen Sie Ihre Turnschuhe aus dem Regal, wenn Sie routinemäßig Ihre Büroschuhe dort abstellen. Mehr frische Kost: Waschen Sie die Blätter für Ihren Salat, wenn Sie das Grünfutter für Ihre Kaninchen herrichten.

Meine Erfahrungen

Dafür bin ich dankbar:

1.
2.
3.

Diese eine Sache hat mich besonders beschäftigt – äußerlich oder innerlich:

Das hat meinem Körper gutgetan:

Hier habe ich mich engagiert und Verantwortung übernommen:

39. WOCHE VON ____ BIS ____

Meine Pläne, Wünsche und Ziele

Dafür will ich mir diese Woche unbedingt Zeit nehmen:

1.
2.
3.

Das darf ich diese Woche weglassen/loslassen:

Diese kleine Gewohnheit möchte ich durchhalten:

APROPOS DANKBAR

Manche Menschen tun sich schwer damit, von anderen etwas anzunehmen. Jemand hat Sie eingeladen, Ihnen geholfen oder ein Geschenk gemacht? Üben Sie, hinterher ein aufrichtiges Danke zu sagen, ohne dass Sie eine Gegenleistung erbringen.

Meine Erfahrungen

Dafür bin ich dankbar:

1.
2.
3.

Diese eine Sache hat mich besonders beschäftigt – äußerlich oder innerlich:

Das hat meinem Körper gutgetan:

Hier habe ich mich engagiert und Verantwortung übernommen:

40. WOCHE VON _____ BIS _____

Meine Pläne, Wünsche und Ziele

Dafür will ich mir diese Woche unbedingt Zeit nehmen:

1.
2.
3.

Das darf ich diese Woche weglassen/loslassen:

Diese kleine Gewohnheit möchte ich durchhalten:

APROPOS BESCHÄFTIGT

Fragen Sie sich mehrmals am Tag: Wofür eignet sich der aktuelle Moment besonders? Wenn Sie die Chance eines Augenblicks erkennen, bekommen Sie auch einen besseren Blick für die Chancen, die dieser Tag, diese Woche, dieser Monat, dieses Jahr Ihnen bietet.

Meine Erfahrungen

Dafür bin ich dankbar:

1.
2.
3.

Diese eine Sache hat mich besonders beschäftigt – äußerlich oder innerlich:

Das hat meinem Körper gutgetan:

Hier habe ich mich engagiert und Verantwortung übernommen:

41. WOCHE VON ____ BIS ____

Meine Pläne, Wünsche und Ziele

Dafür will ich mir diese Woche unbedingt Zeit nehmen:

1.
2.
3.

Das darf ich diese Woche weglassen/loslassen:

Diese kleine Gewohnheit möchte ich durchhalten:

APROPOS KÖRPER

Wie **Sie essen, ist fast genauso wichtig wie,** ***was*** **Sie essen. Eine gute Devise ist „Genussvoll kauen!". 20- bis 40-mal sollten Sie einen Bissen kauen. Das ist leichter, als Sie denken – wenn Sie kein Leistungstraining daraus machen, sondern es als herrliche Möglichkeit sehen, den Genuss zu verlängern. Das A und O: genug Zeit für die Mahlzeiten einplanen.**

Meine Erfahrungen

Dafür bin ich dankbar:

1.
2.
3.

Diese eine Sache hat mich besonders beschäftigt – äußerlich oder innerlich:

Das hat meinem Körper gutgetan:

Hier habe ich mich engagiert und Verantwortung übernommen:

42. WOCHE VON ____ BIS ____

Meine Pläne, Wünsche und Ziele

Dafür will ich mir diese Woche unbedingt Zeit nehmen:

1.
2.
3.

Das darf ich diese Woche weglassen/loslassen:

Diese kleine Gewohnheit möchte ich durchhalten:

APROPOS ENGAGEMENT

Engagement muss nicht immer zeitaufwendig sein. Vielleicht haben Sie keine Zeit, sich um Obdachlose, Migrantenkinder oder psychisch Kranke zu kümmern. Aber Sie können zu einem guten gesellschaftlichen Klima beitragen, indem Sie Vorurteilen entgegentreten. Die Standardfrage dazu lautet: „Woher weißt du das?"

Meine Erfahrungen

Dafür bin ich dankbar:

1.
2.
3.

Diese eine Sache hat mich besonders beschäftigt – äußerlich oder innerlich:

Das hat meinem Körper gutgetan:

Hier habe ich mich engagiert und Verantwortung übernommen:

43. WOCHE VON ____ BIS ____

Meine Pläne, Wünsche und Ziele

Dafür will ich mir diese Woche unbedingt Zeit nehmen:

1.
2.
3.

Das darf ich diese Woche weglassen/loslassen:

Diese kleine Gewohnheit möchte ich durchhalten:

APROPOS ZEIT

Der Unterschied zwischen „gehetzt" und „entspannt" besteht oft nur in ein paar Minuten. Kalkulieren Sie mit ein, dass Sie nach dem Arztbesuch mit Ihrer alten Nachbarin noch eine Tasse Kaffee trinken oder dass Sie sich beim Kauf von Druckerpatronen im Elektromarkt spaßeshalber noch die neuen TV-Modelle ansehen.

Meine Erfahrungen

Dafür bin ich dankbar:

1.
2.
3.

Diese eine Sache hat mich besonders beschäftigt – äußerlich oder innerlich:

Das hat meinem Körper gutgetan:

Hier habe ich mich engagiert und Verantwortung übernommen:

44. WOCHE VON ____ BIS ____

Meine Pläne, Wünsche und Ziele

Dafür will ich mir diese Woche unbedingt Zeit nehmen:

1.
2.
3.

Das darf ich diese Woche weglassen/loslassen:

Diese kleine Gewohnheit möchte ich durchhalten:

APROPOS WEGLASSEN

Was kann ich notfalls weglassen? Stellen Sie sich diese Frage, bevor Sie in ein größeres Projekt starten. Wird Ihre Zeit dann wie so oft knapp, wissen Sie bereits, wo Sie am besten abspecken: Sie fabrizieren keinen Nachtisch für Ihre Gäste (stattdessen gibt es Obst). Sie lassen das Dokument nicht mehr von Kollege Gründlich checken. Sie verkaufen die Bücher aus dem Haus Ihrer verstorbenen Eltern komplett statt einzeln via Internet.

Meine Erfahrungen

Dafür bin ich dankbar:

1.
2.
3.

Diese eine Sache hat mich besonders beschäftigt – äußerlich oder innerlich:

Das hat meinem Körper gutgetan:

Hier habe ich mich engagiert und Verantwortung übernommen:

45. WOCHE VON ____ BIS ____

Meine Pläne, Wünsche und Ziele

Dafür will ich mir diese Woche
unbedingt Zeit nehmen:

1.
2.
3.

Das darf ich diese Woche
weglassen/loslassen:

Diese kleine Gewohnheit möchte
ich durchhalten:

APROPOS GEWOHNHEIT

Weil morgens alles wie am Schnürchen laufen soll, haben die meisten Menschen für die Zeit nach dem Aufstehen feste Routinen entwickelt. Überprüfen Sie Ihre Morgengewohnheiten: Mögen Sie den Klingelton Ihres Weckers? Wie lässt sich der regelmäßige Badezimmerstau verhindern? Bringt Ihr Frühstück Ihnen genug Energie für den Vormittag?

Meine Erfahrungen

Dafür bin ich dankbar:

1.
2.
3.

Diese eine Sache hat mich besonders beschäftigt – äußerlich oder innerlich:

Das hat meinem Körper gutgetan:

Hier habe ich mich engagiert und Verantwortung übernommen:

46. WOCHE VON _____ BIS _____

Meine Pläne, Wünsche und Ziele

Dafür will ich mir diese Woche unbedingt Zeit nehmen:

1.
2.
3.

Das darf ich diese Woche weglassen/loslassen:

Diese kleine Gewohnheit möchte ich durchhalten:

APROPOS DANKBAR

Fürs Danken ist es (solange die andere Person noch lebt) nie zu spät. Auch wenn Sie erst jetzt schätzen können, was Ihre Eltern für Sie als Kind getan haben, wie viel Freiräume Ihr früherer Chef Ihnen gelassen hatte und welch großartigen Horizont der Deutschlehrer Ihrem Junior damals eröffnet hat: Holen Sie Ihren Dank nach – mündlich oder mit einem Brief. Unerwarteter Dank macht doppelt Freude!

Meine Erfahrungen

Dafür bin ich dankbar:

1.
2.
3.

Diese eine Sache hat mich besonders beschäftigt – äußerlich oder innerlich:

Das hat meinem Körper gutgetan:

Hier habe ich mich engagiert und Verantwortung übernommen:

47. WOCHE VON ____ BIS ____

Meine Pläne, Wünsche und Ziele

Dafür will ich mir diese Woche unbedingt Zeit nehmen:

1.
2.
3.

Das darf ich diese Woche weglassen/loslassen:

Diese kleine Gewohnheit möchte ich durchhalten:

APROPOS BESCHÄFTIGT

Mehrere Aufgaben auf einmal zu erledigen gilt als mega-effizient. Ist es aber nicht. Denn dabei springen Sie andauernd zwischen verschiedenen Aufgaben hin und her. Das kostet sowohl Zeit als auch Energie und erhöht Ihr Fehlerrisiko. Der US-Unternehmer Gary Keller empfiehlt zur Prioritätensetzung folgende Frage: „Was ist die eine Sache, die ich tun kann, damit …" (unsere Partnerschaft wieder harmonischer wird, ich das Projekt fristgerecht abschließe, die Veranstaltung gut besucht wird).

Meine Erfahrungen

Dafür bin ich dankbar:

1.
2.
3.

Diese eine Sache hat mich besonders beschäftigt – äußerlich oder innerlich:

Das hat meinem Körper gutgetan:

Hier habe ich mich engagiert und Verantwortung übernommen:

48. WOCHE VON ____ BIS ____

Meine Pläne, Wünsche und Ziele

Dafür will ich mir diese Woche unbedingt Zeit nehmen:

1.
2.
3.

Das darf ich diese Woche weglassen/loslassen:

Diese kleine Gewohnheit möchte ich durchhalten:

APROPOS KÖRPER

Um sich standfest und sicher zu fühlen, stehen und gehen viele Menschen gern breitbeinig. Großer Nachteil: Die starke Muskelanspannung dabei hemmt die Bewegung. Optimal ist die Breite, wenn sich Fuß-, Knie- und Hüftgelenk (nicht das Becken selbst!) senkrecht übereinander befinden. Faustregel: Abstand der Füße ein bis eineinhalb Mal Fußbreit. Probieren Sie es aus!

Meine Erfahrungen

Dafür bin ich dankbar:

1.
2.
3.

Diese eine Sache hat mich besonders beschäftigt – äußerlich oder innerlich:

Das hat meinem Körper gutgetan:

Hier habe ich mich engagiert und Verantwortung übernommen:

49. WOCHE VON ____ BIS ____

Meine Pläne, Wünsche und Ziele

Dafür will ich mir diese Woche unbedingt Zeit nehmen:

1.
2.
3.

Das darf ich diese Woche weglassen/loslassen:

Diese kleine Gewohnheit möchte ich durchhalten:

APROPOS ENGAGEMENT

Machen Sie Erfolg nicht zum Maßstab für Sinn. Der benachteiligte Jugendliche, um den Sie sich kümmern, schafft möglicherweise keinen Schulabschluss. Aber die Unterstützung, die Sie ihm geben, erzeugt in dem Moment Sinn, in dem sie sich ereignet: durch das kleine Aha-Erlebnis, das Sie vermitteln; durch die Wertschätzung, die der junge Mensch durch Sie erfährt; durch das Lächeln auf Ihren Gesichtern.

Meine Erfahrungen

Dafür bin ich dankbar:

1.
2.
3.

Diese eine Sache hat mich besonders beschäftigt – äußerlich oder innerlich:

Das hat meinem Körper gutgetan:

Hier habe ich mich engagiert und Verantwortung übernommen:

50. WOCHE VON ____ BIS ____

Meine Pläne, Wünsche und Ziele

Dafür will ich mir diese Woche unbedingt Zeit nehmen:

1.
2.
3.

Das darf ich diese Woche weglassen/loslassen:

Diese kleine Gewohnheit möchte ich durchhalten:

APROPOS ZEIT

Blättern Sie noch einmal Ihre Wochenseiten durch. Was zeigt Ihnen die Liste der Dinge, für die Sie sich Zeit nehmen wollen? Vielleicht haben Sie in den letzten Monaten konsequent Dinge erledigt, die Sie bisher immer vor sich hergeschoben haben. Oder Sie haben ein Hobby (wieder-) entdeckt, sich mehr Schlaf gegönnt, eine Freundschaft intensiviert …

Meine Erfahrungen

Dafür bin ich dankbar:

1.
2.
3.

Diese eine Sache hat mich besonders beschäftigt – äußerlich oder innerlich:

Das hat meinem Körper gutgetan:

Hier habe ich mich engagiert und Verantwortung übernommen:

51. WOCHE VON _____ BIS _____

Meine Pläne, Wünsche und Ziele

Dafür will ich mir diese Woche unbedingt Zeit nehmen:

1.
2.
3.

Das darf ich diese Woche weglassen/loslassen:

Diese kleine Gewohnheit möchte ich durchhalten:

APROPOS LOSLASSEN

Wenn Sie unrealistische Erwartungen an andere loslassen, verbessern Sie damit Ihre Beziehungen und Ihr eigenes Wohlbefinden. Verabschieden Sie sich von der Erwartung, dass andere Ihnen Ihre Wünsche von den Augen ablesen; von der Erwartung, dass Sie von allen gemocht werden; von der Erwartung, dass Sie andere ändern können.

Meine Erfahrungen

Dafür bin ich dankbar:

1.
2.
3.

Diese eine Sache hat mich besonders beschäftigt – äußerlich oder innerlich:

Das hat meinem Körper gutgetan:

Hier habe ich mich engagiert und Verantwortung übernommen:

52. WOCHE VON _____ BIS _____

Meine Pläne, Wünsche und Ziele

Dafür will ich mir diese Woche unbedingt Zeit nehmen:

1.
2.
3.

Das darf ich diese Woche weglassen/loslassen:

Diese kleine Gewohnheit möchte ich durchhalten:

APROPOS GEWOHNHEIT

Schulen Sie Ihre Kreativität, indem Sie alltägliche Gewohnheiten ändern. Wechseln Sie als Paar oder Familie am Esstisch die Plätze. Gehen Sie zum Einkaufen in einen anderen Supermarkt. Schauen Sie die Nachrichten zu einer anderen Uhrzeit und in einem anderen TV-Sender.

Meine Erfahrungen

Dafür bin ich dankbar:

1.
2.
3.

Diese eine Sache hat mich besonders beschäftigt – äußerlich oder innerlich:

Das hat meinem Körper gutgetan:

Hier habe ich mich engagiert und Verantwortung übernommen:

MEIN MONAT

MONAT

Das hat mir Kraft gegeben:

Diese Begegnung hat mich besonders gefreut:

Damit habe ich mein Leben vereinfacht:

Diese Entscheidung habe ich getroffen:

Diese Erkenntnis habe ich gewonnen:

Dieser Gedanke / Satz
hat mich angesprochen:

DAS WERDE ICH IM NÄCHSTEN
MONAT ANGEHEN:

MONAT

Das hat mir Kraft gegeben:

Diese Begegnung hat mich
besonders gefreut:

Damit habe ich
mein Leben vereinfacht:

Diese Entscheidung habe ich getroffen:

Diese Erkenntnis habe ich gewonnen:

Dieser Gedanke / Satz
hat mich angesprochen:

DAS WERDE ICH IM NÄCHSTEN
MONAT ANGEHEN:

MONAT

Das hat mir Kraft gegeben:

Diese Begegnung hat mich
besonders gefreut:

Damit habe ich
mein Leben vereinfacht:

Diese Entscheidung habe ich getroffen:

Diese Erkenntnis habe ich gewonnen:

Dieser Gedanke / Satz
hat mich angesprochen:

DAS WERDE ICH IM NÄCHSTEN
MONAT ANGEHEN:

MONAT

....

Das hat mir Kraft gegeben:

Diese Begegnung hat mich
besonders gefreut:

Damit habe ich
mein Leben vereinfacht:

Diese Entscheidung habe ich getroffen:

Diese Erkenntnis habe ich gewonnen:

Dieser Gedanke / Satz
hat mich angesprochen:

DAS WERDE ICH IM NÄCHSTEN
MONAT ANGEHEN:

MONAT

Das hat mir Kraft gegeben:

Diese Begegnung hat mich
besonders gefreut:

Damit habe ich
mein Leben vereinfacht:

Diese Entscheidung habe ich getroffen:

Diese Erkenntnis habe ich gewonnen:

Dieser Gedanke / Satz
hat mich angesprochen:

DAS WERDE ICH IM NÄCHSTEN MONAT ANGEHEN:

MONAT

Das hat mir Kraft gegeben:

Diese Begegnung hat mich besonders gefreut:

Damit habe ich mein Leben vereinfacht:

Diese Entscheidung habe ich getroffen:

Diese Erkenntnis habe ich gewonnen:

Dieser Gedanke / Satz
hat mich angesprochen:

DAS WERDE ICH IM NÄCHSTEN MONAT ANGEHEN:

MONAT

Das hat mir Kraft gegeben:

Diese Begegnung hat mich
besonders gefreut:

Damit habe ich
mein Leben vereinfacht:

Diese Entscheidung habe ich getroffen:

Diese Erkenntnis habe ich gewonnen:

Dieser Gedanke / Satz
hat mich angesprochen:

DAS WERDE ICH IM NÄCHSTEN
MONAT ANGEHEN:

MONAT

Das hat mir Kraft gegeben:

Diese Begegnung hat mich
besonders gefreut:

Damit habe ich
mein Leben vereinfacht:

Diese Entscheidung habe ich getroffen:

Diese Erkenntnis habe ich gewonnen:

Dieser Gedanke / Satz
hat mich angesprochen:

DAS WERDE ICH IM NÄCHSTEN
MONAT ANGEHEN:

MONAT

Das hat mir Kraft gegeben:

Diese Begegnung hat mich besonders gefreut:

Damit habe ich mein Leben vereinfacht:

Diese Entscheidung habe ich getroffen:

Diese Erkenntnis habe ich gewonnen:

Dieser Gedanke / Satz
hat mich angesprochen:

DAS WERDE ICH IM NÄCHSTEN MONAT ANGEHEN:

MONAT

....

Das hat mir Kraft gegeben:

Diese Begegnung hat mich besonders gefreut:

Damit habe ich mein Leben vereinfacht:

Diese Entscheidung habe ich getroffen:

Diese Erkenntnis habe ich gewonnen:

Dieser Gedanke / Satz
hat mich angesprochen:

DAS WERDE ICH IM NÄCHSTEN
MONAT ANGEHEN:

MONAT

....

Das hat mir Kraft gegeben:

Diese Begegnung hat mich
besonders gefreut:

Damit habe ich
mein Leben vereinfacht:

Diese Entscheidung habe ich getroffen:

Diese Erkenntnis habe ich gewonnen:

Dieser Gedanke / Satz
hat mich angesprochen:

DAS WERDE ICH IM NÄCHSTEN
MONAT ANGEHEN:

MONAT

Das hat mir Kraft gegeben:

Diese Begegnung hat mich besonders gefreut:

Damit habe ich mein Leben vereinfacht:

Diese Entscheidung habe ich getroffen:

Diese Erkenntnis habe ich gewonnen:

Dieser Gedanke / Satz
hat mich angesprochen:

DAS WERDE ICH IM NÄCHSTEN
MONAT ANGEHEN:

MONAT

Das hat mir Kraft gegeben:

Diese Begegnung hat mich besonders gefreut:

Damit habe ich mein Leben vereinfacht:

Diese Entscheidung habe ich getroffen:

Diese Erkenntnis habe ich gewonnen:

Dieser Gedanke / Satz
hat mich angesprochen:

DAS WERDE ICH IM NÄCHSTEN
MONAT ANGEHEN:

DAS BEHALTE ICH IM BLICK

DAS BEHALTE ICH IM BLICK

HIER IST PLATZ FÜR IDEEN, DIE SIE SONST NIRGENDWO AUFGESCHRIEBEN HABEN ODER DIE AUF SCHMIERZETTELN VERGAMMELN.

Zum Beispiel:

- Interessante Rezepte
- Orte, die Sie einmal besuchen möchten
- Buchtipps, die Ihnen andere gegeben haben
- Materielle Wünsche
- Geschenkideen für andere
- Aktivitäten, die Sie ausprobieren möchten
- Fähigkeiten, die Sie sich aneignen möchten
- Neue Begriffe, die Sie aktiv in Ihren Wortschatz einbauen wollen
- Wörter von A bis Z, die für Sie einen magischen Klang besitzen
- Bewährte Methoden, mit denen Sie sich selbst in Frustsituationen wieder aufbauen

DAS BEHALTE ICH IM BLICK

DAS BEHALTE ICH IM BLICK

DAS BEHALTE ICH IM BLICK

DAS BEHALTE ICH IM BLICK

DAS BEHALTE ICH IM BLICK

DAS BEHALTE ICH IM BLICK

Weitere simplify-Angebote:

simplify® my work life: Einfacher arbeiten & gelassener leben

Sie möchten Ihr (Arbeits-)Leben noch weiter vereinfachen? Dann sind Sie bei unserem Beratungsdienst simplify® my work life genau richtig.

Das Premium-Beratungsmagazin simplify® my work life enthält direkt und leicht umsetzbare Tipps, mit denen Sie gelassener durch den Arbeitstag gehen.

So bringen Sie Ihr Unternehmen, Ihre Abteilung oder Ihr Projekt super einfach voran und schaffen sich selbst gleichzeitig mehr Freiräume.

Integrieren Sie den simplify®-Weg „der kleinen Schritte mit großer Wirkung" in Ihren Arbeitsalltag, und erfahren Sie ein erfüllteres (Arbeits-)Leben.

So bringt simplify® my work life Sie voran

- Gelassenheit im Arbeitsalltag: simplify® my work life zeigt Ihnen, wie Sie auch in stressigen Phasen zufrieden in den Feierabend starten.
- Zeitersparnis: Organisieren Sie Ihren Arbeitstag effizient & stressfrei und gewinnen Sie mehr Zeit für das Wesentliche.
- Stressreduktion: Bauen Sie Stress durch zu hohe Arbeitsbelastung Schritt für Schritt ab und schaffen Sie Freiräume für sich selbst.

simplify® your life: Einfacher und glücklicher leben

Das Original von Werner Tiki Küstenmacher und Dr. Ruth Drost-Hüttl. Entdecken Sie die Kraft der einfach umsetzbaren und praxiserprobten Tipps für ein einfacheres und glückliches Leben.

Mit unserem Beratungsbrief simplify® your life tun Sie einen entscheidenden Schritt hin zu einem einfacheren, glücklicheren Leben. Um Sie auf Ihrem Weg zu unterstützen, bieten wir Ihnen Monat für Monat lebensnahe, leicht umsetzbare Tipps. Auf überschaubaren 12 Seiten, präsentiert mit einem Augenzwinkern und von Werner Tiki Küstenmacher liebevoll mit Karikaturen illustriert.

Sie wollen ...

- Ihr Zuhause entrümpeln?
- Zeit für die wirklich wichtigen Dinge finden?
- gesünder und aktiver leben?
- souverän knifflige Gespräche führen?
- ohne Ängste und Selbstzweifel die richtigen Entscheidungen treffen?
- von anderen für Ihre positive Einstellung geschätzt werden?
- Ihre persönlichen Werte entdecken und umsetzen?

Dann sind Sie bei simplify® your life genau richtig. Räumen Sie in allen Bereichen Ihres Lebens auf und befreien Sie sich von unnötigem Ballast.

Diese und andere Produkte finden Sie im Shop unter
www.simplify.de/shop/

Oder QR-Code nutzen

Sie finden simplify® your life auch auf Facebook und Instagram!

IMPRESSUM

ISBN: 978-3-8125-2762-0

Mein simplify®-Lebensbuch
einfacher und glücklicher leben

Redaktion: Dr. Ruth Drost-Hüttl, Werner Tiki Küstenmacher
Artdirektion: Isabella Buchholz-Heidenreich
Zeichnungen: Werner Tiki Küstenmacher
Herstellung: Rainer Crump
Druck: Druck und Werte GmbH,
Dufourstraße 15, 04107 Leipzig
Produktmanagement: Maren Adekunle
Herausgeberin: Kathrin Righi

Verlag für die Deutsche Wirtschaft AG,
Amtsgericht Bonn, HRB 8165
Vorstand: Richard Rentrop
Theodor-Heuss-Str. 2–4, 53177 Bonn

Klimaneutral
Druckprodukt
ClimatePartner.com/13676-2208-1074